MATTHIEU MERIOT

VOYAGE À VOUILLON

Du même auteur :

Observations et photographies, tome 1 :
Photographies enneigées

Éditions BoD, 2018.

Un enfer scolaire

Éditions BoD, 2018.

Les émotions d'une vie

Editions BoD, 2019.

Parle

Editions BoD, 2020.

Sentiments Positifs

Editions BoD, 2020.

Toujours Brave

Éditions BoD, 2021.

Observations et photographies, tome 2 :

Photographies chaleureuses.

Éditions BoD, 2021.

Nos différences sont une richesse

Éditions BoD, 2021.

Pour mes proches et ma famille.

Pour Loan, mon meilleur ami et frère de cœur. Celui qui a toujours été présent, dans les bons comme les mauvais moments. Celui qui m'a toujours aidé et soutenu. Et surtout, celui qui croit en moi. Merci d'être ce que tu es et merci de m'avoir tout appris. Ce livre t'es dédié, mon ami !

Mais également un très grand merci à toute l'équipe de mon éditeur, Books on Demand, sans qui rien ne serait possible.

Et merci à vous d'avoir choisi ce livre ! Je souhaite qu'il vous plaise et vous transporte dans mon univers d'écrivain auto-édité !

Matthieu MERIOT

Notes de l'auteur :

Je m'appelle Matthieu Meriot, j'ai 22 ans et je vis en France dans la région Centre.

Depuis des années, je suis un jeune homme engagé contre le harcèlement scolaire. J'ai été victime de ce fléau de la maternelle à la quatrième, jusqu'à me mutiler et commettre trois tentatives de suicide.

Je me suis fait connaître en 2018 sur le réseau social Twitter où je suis actuellement suivi par plus de 19 000 personnes. J'aide et je sensibilise face au harcèlement à l'école. À la suite de ces évènements, j'ai recherché pendant quelques jours le moyen de publier les livres que j'écrivais. Les maisons d'éditions c'était trop difficiles pour moi. Je voulais avant-tout être moi-même et libre de mes choix. C'est alors qu'un jour, je suis tombé sur une plate-forme d'auto-édition qui m'a énormément intéressé. C'est BoD, Books on Demand. Alors je n'ai pas hésité longtemps, je suis allé chez eux et j'en suis très satisfait !

Depuis 2018, j'ai vendu plus de 10 000 exemplaires dans le monde. Ce qui est énorme, surtout en auto-édition ! Je n'ai pas encore la chance d'en vivre mais je pense que si je continue comme ça, je peux y arriver. C'est mon rêve et je ferais de mon mieux pour réussir !

Je tenais à tous vous remerciez pour votre aide et votre soutien. Sans vous et sans mes communautés, je n'aurais jamais pu autant réussir. Tout ça c'est grâce à vous mais aussi à moi-même. Merci infiniment !

Prologue

En grandissant, j'ai découvert la photographie.

La lumière du matin, du soir. Les saisons qui défilent m'ont fait découvrir l'art de la photo.

Au fil de mes balades, j'ai joué avec mon appareil photo et mon téléphone portable sur la nature qui m'entoure.

Aujourd'hui, je partage celles prises en 2021, dans mon village : Vouillon, situé dans l'Indre (36).

Partie 1

Photographies enneigées

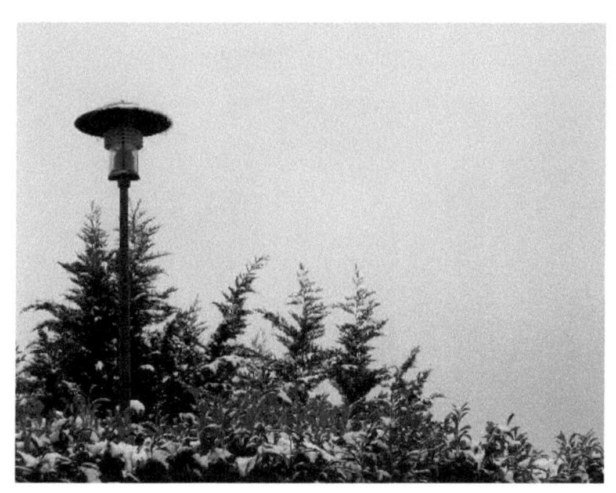

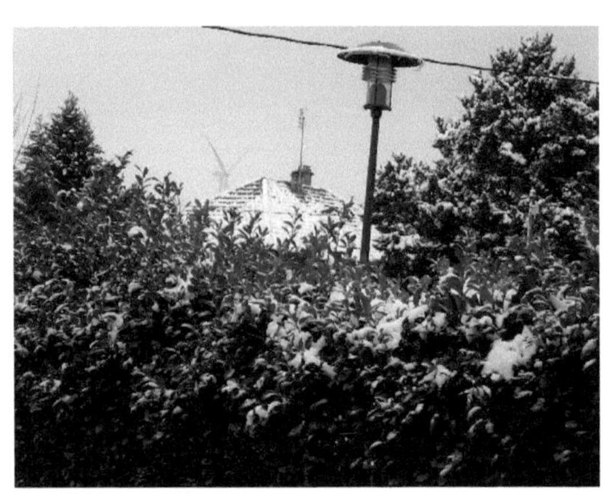

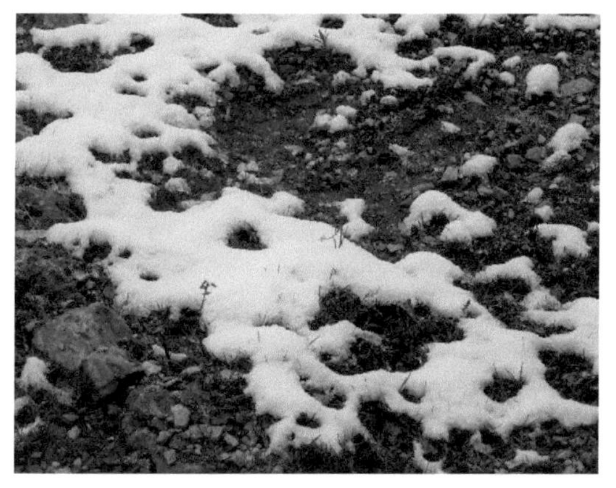

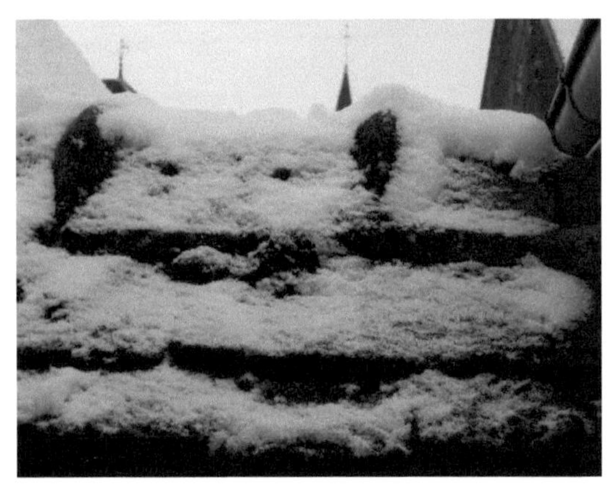

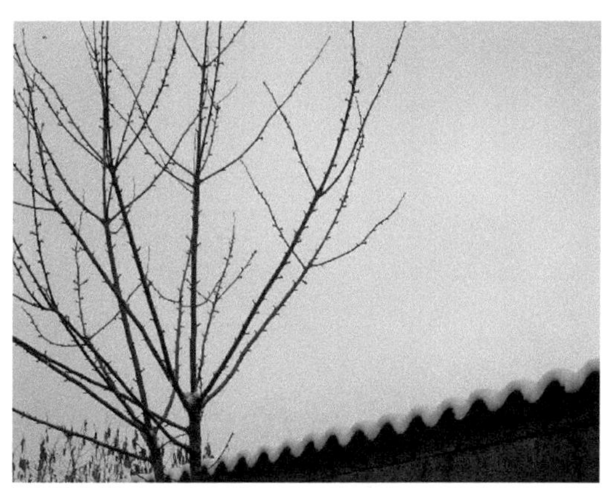

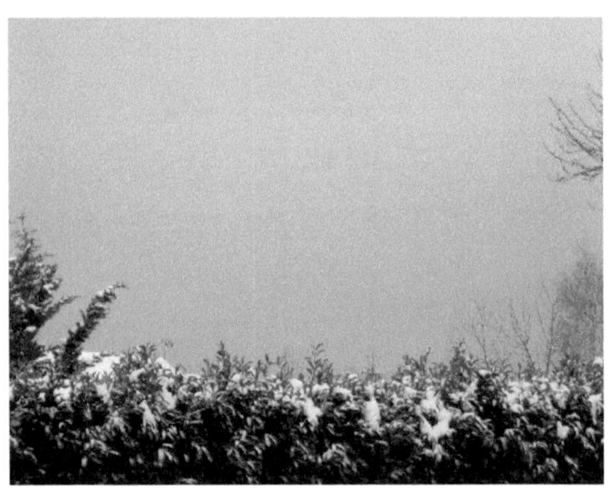

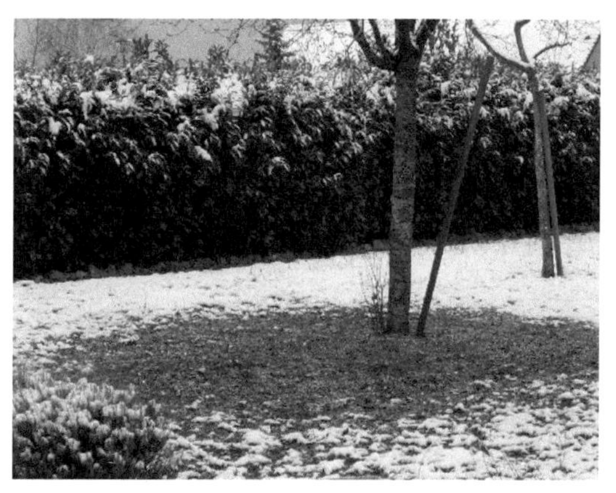

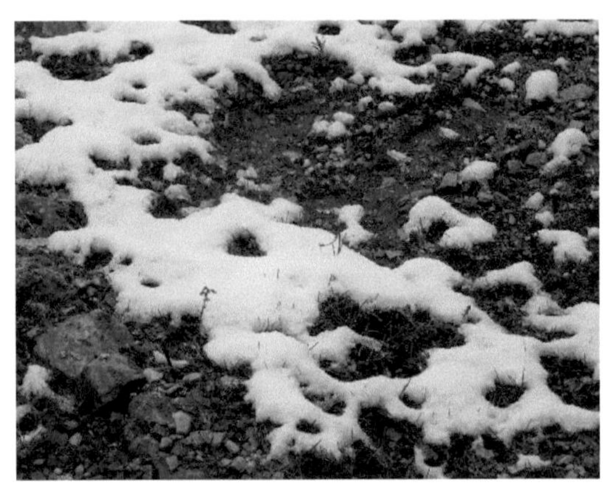

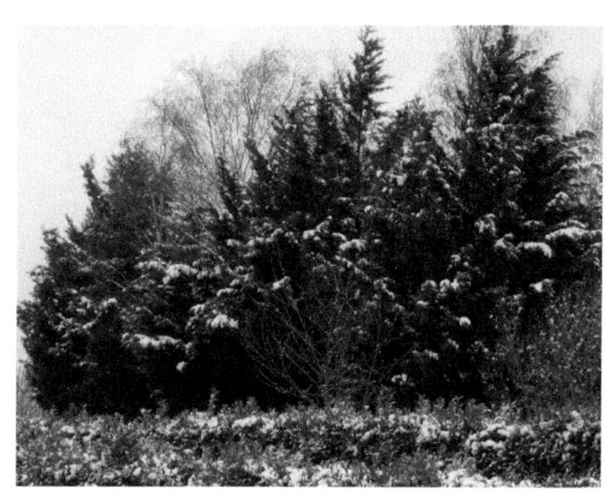

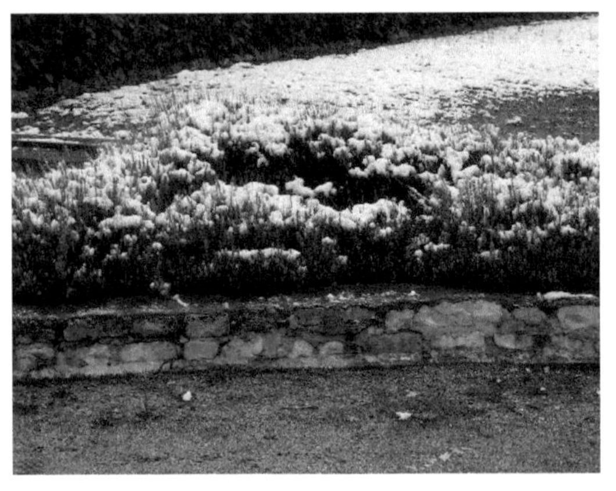

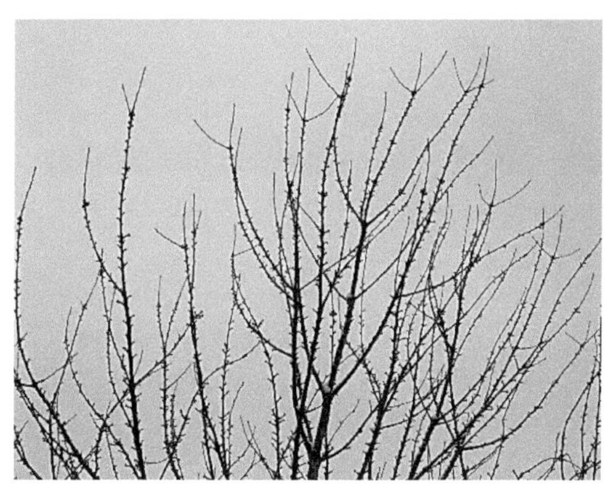

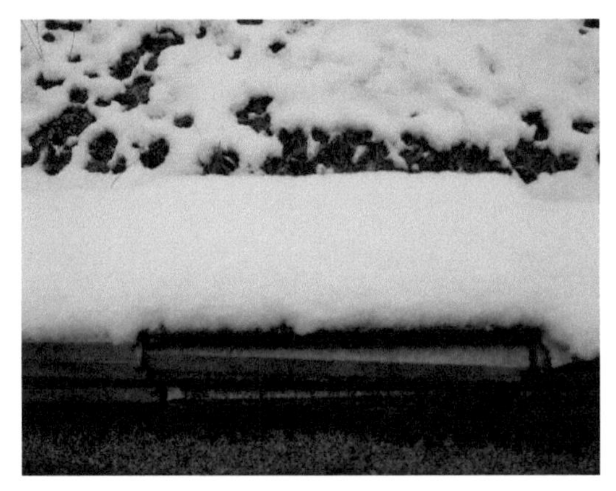

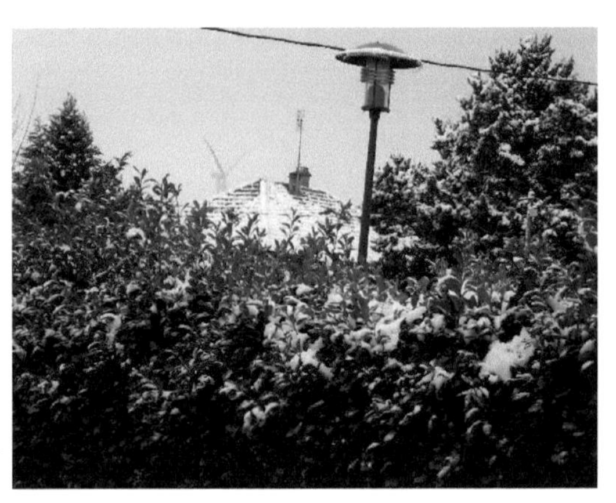

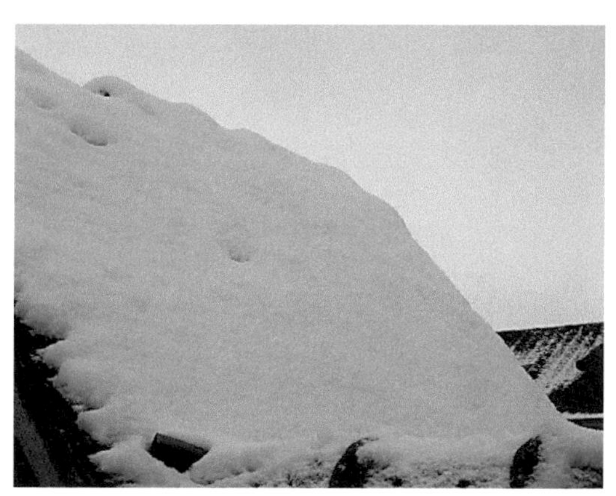

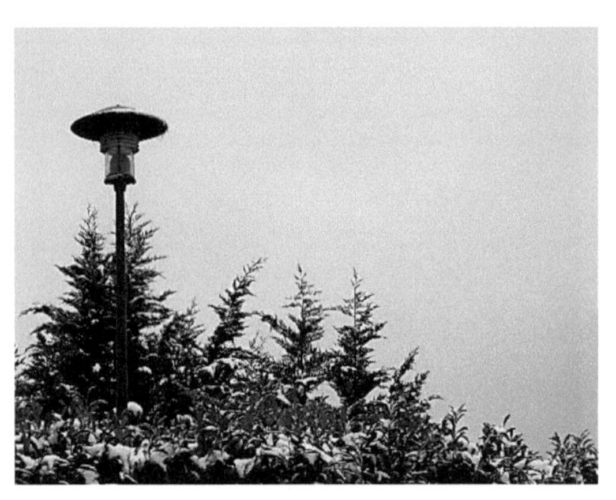

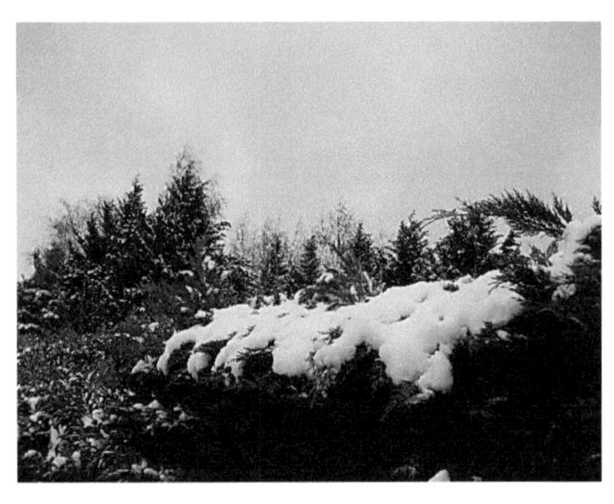

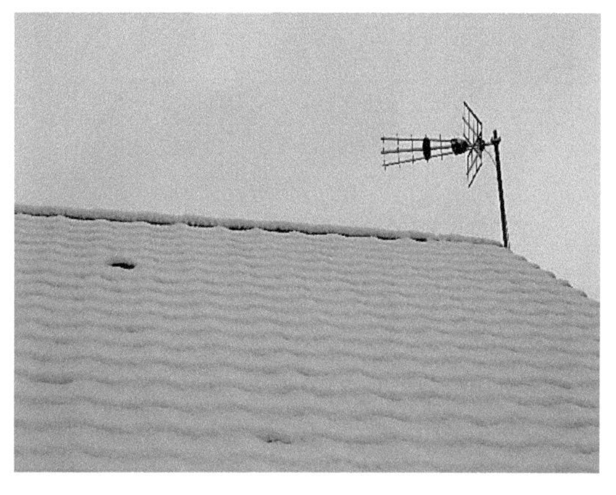

Partie 2

28

Photographies chaleureuses

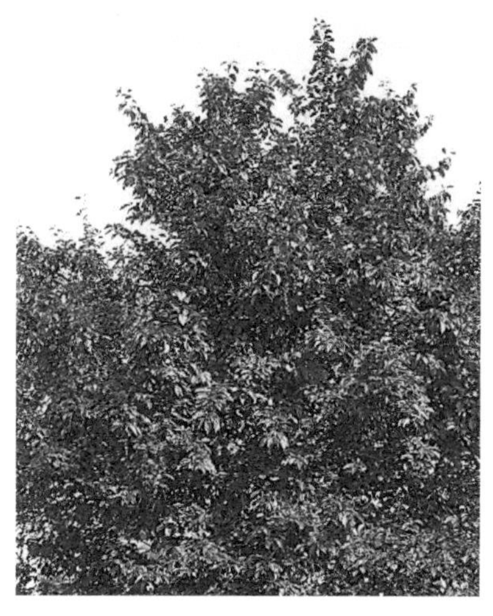

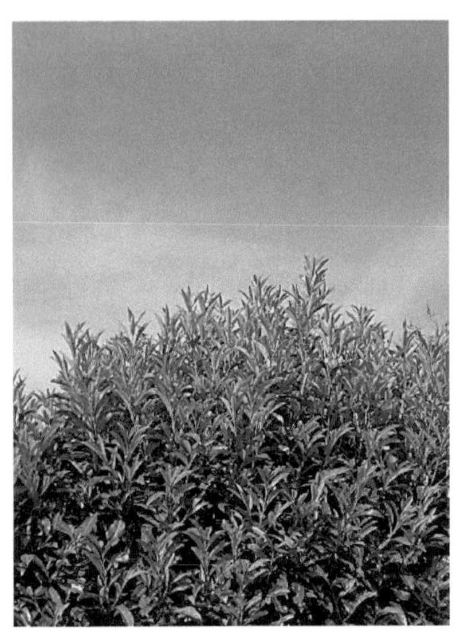

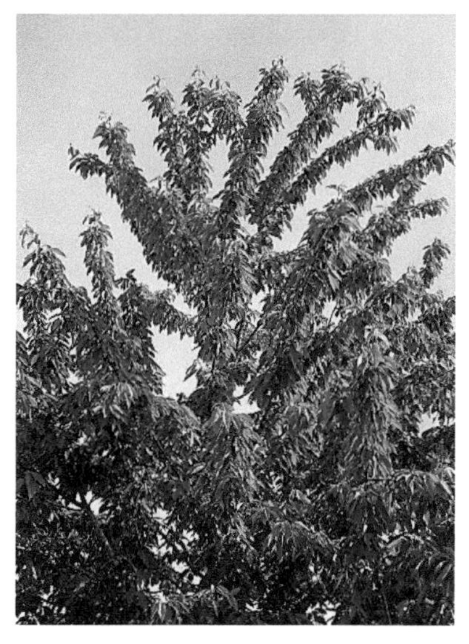

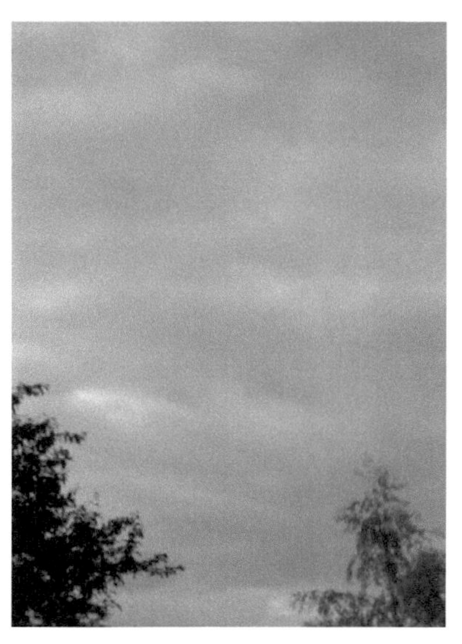

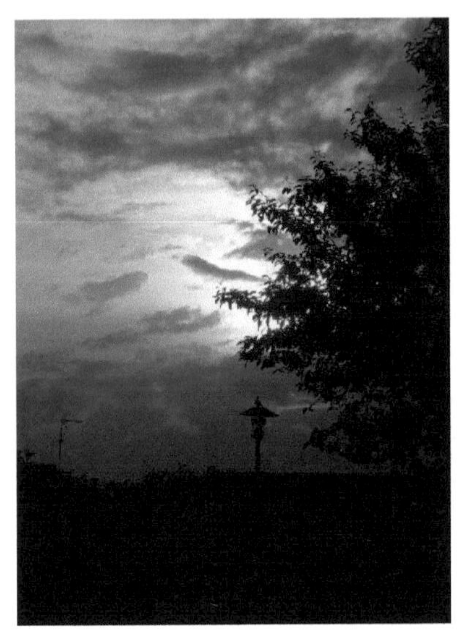

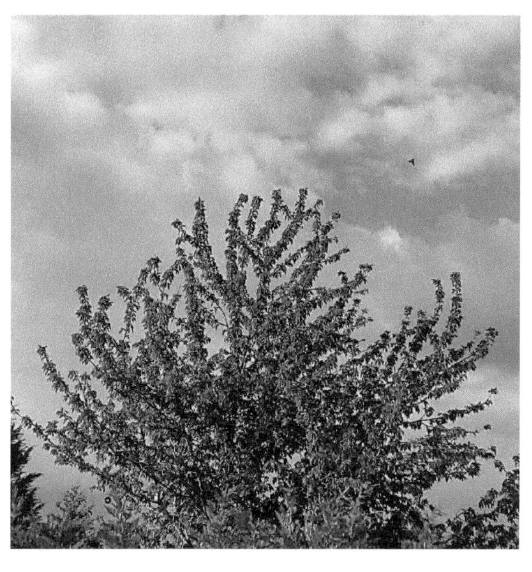

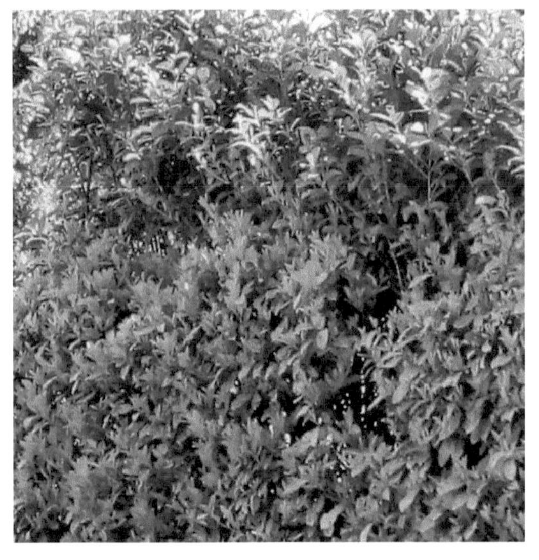

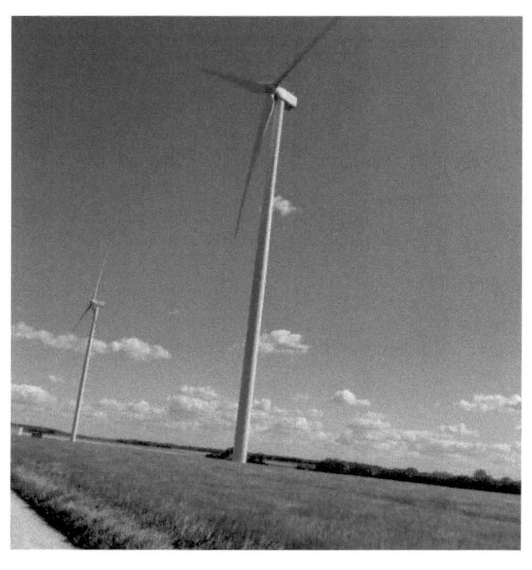

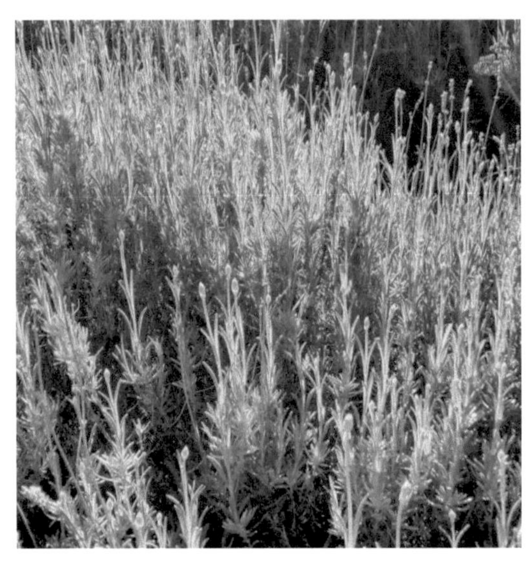

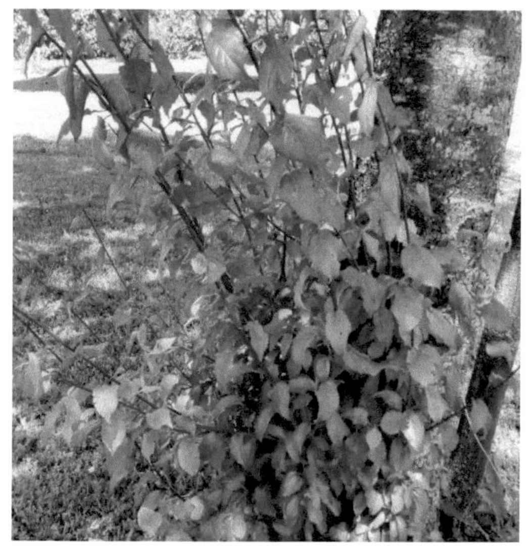

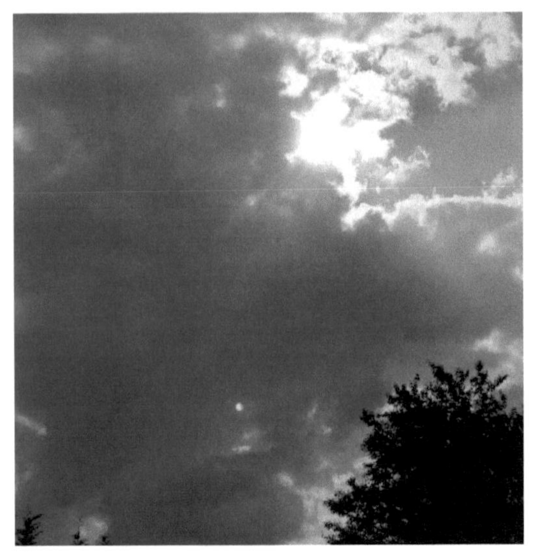

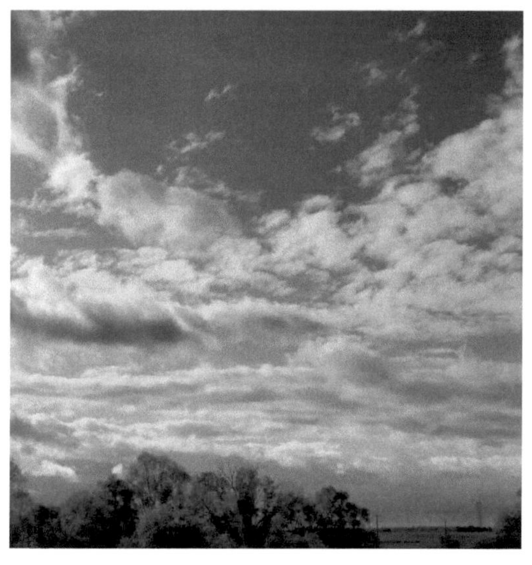

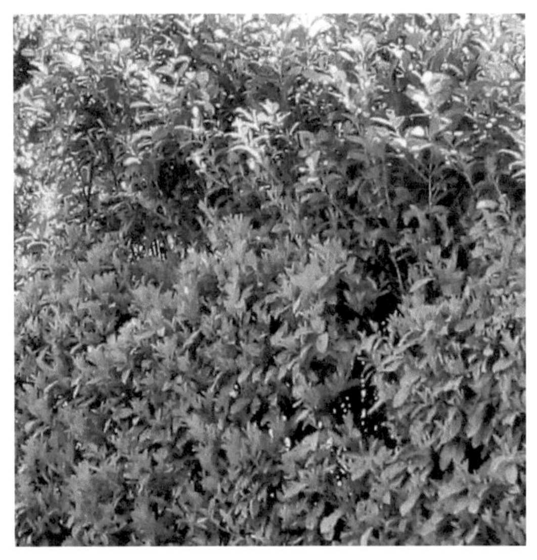

Partie 3

La douceur de notre rivière…

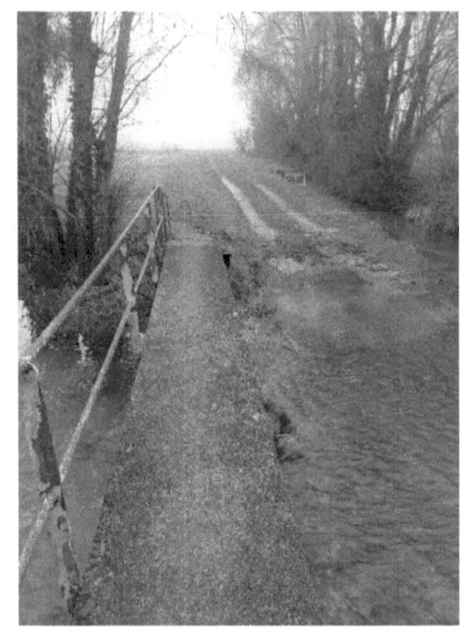

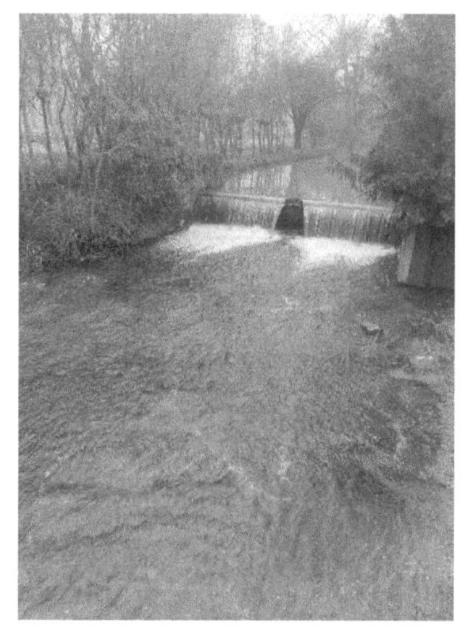

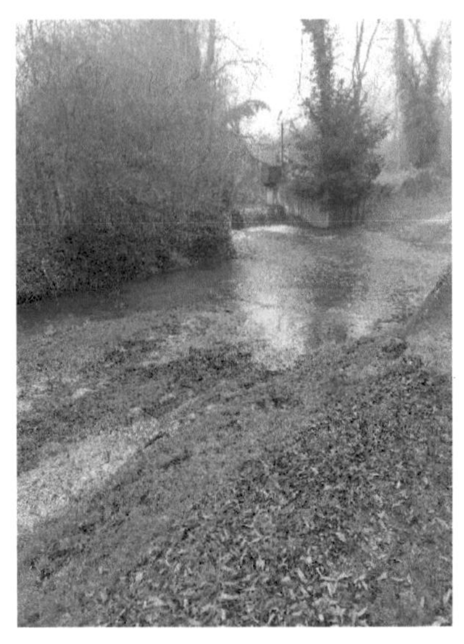

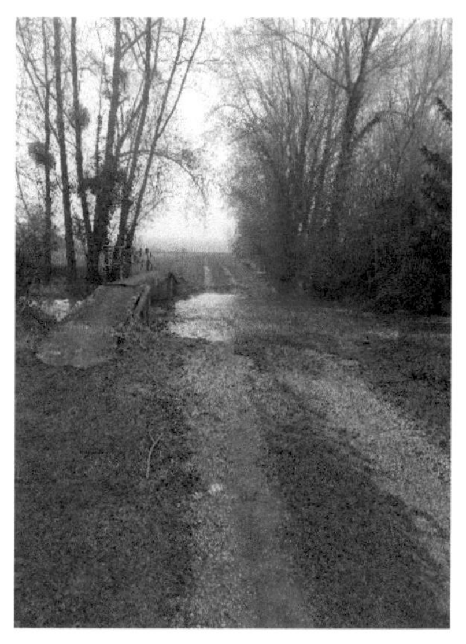

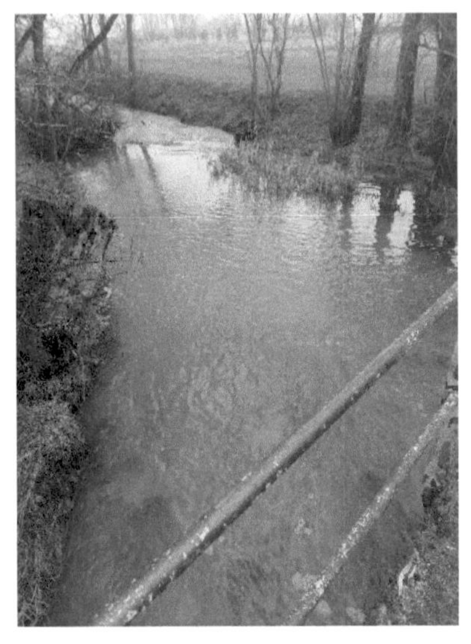

SOMMAIRE :

Édition : BoD – Books on Demand,
12/14 rond-point des Champs-Élysées, 75008 Paris
Impression : BoD - Books on Demand, Norderstedt,
Allemagne
ISBN: 9782322411092
Dépôt légal : Janvier 2022

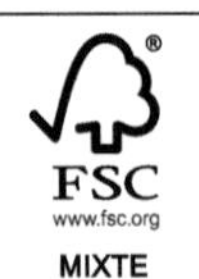